Impressum
Verlag: BABADADA GmbH, Nedderfeld 112 , 22529 Hamburg
Geschäftsführer / Verlagsleitung: Harald Hof
Druck: Books on Demand GmbH, In de Tarpen 42, 22848 Norderstedt

Imprint
Publisher: BABADADA GmbH, Nedderfeld 112 , 22529 Hamburg, Germany
Managing Director / Publishing direction: Harald Hof
Print: Books on Demand GmbH, In de Tarpen 42, 22848 Norderstedt

skóli
escola

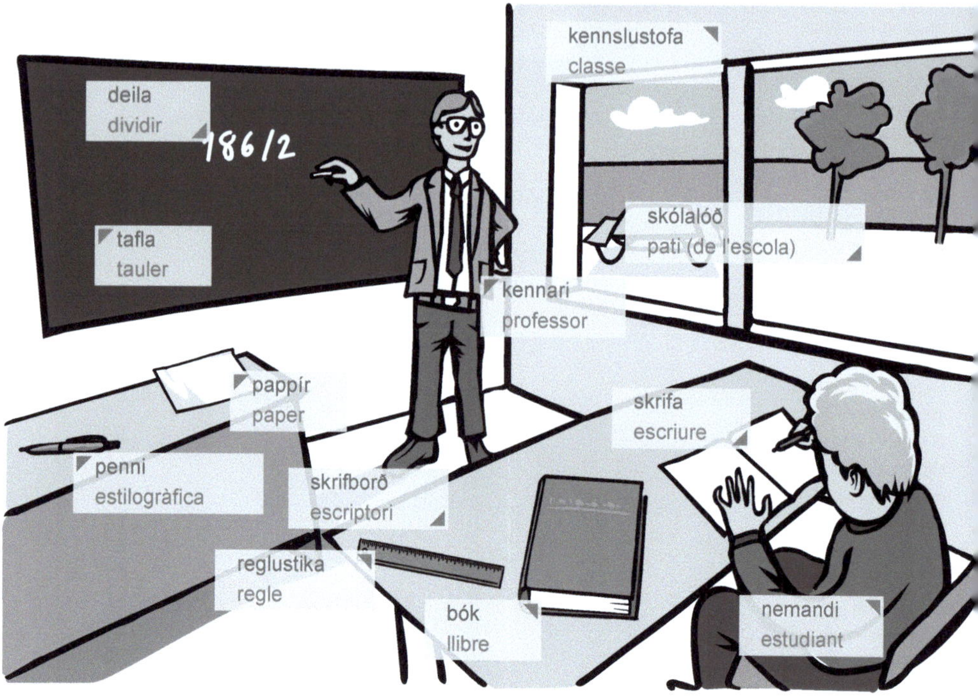

kennslustofa
classe
deila
dividir
186/2
tafla
tauler
skólalóð
pati (de l'escola)
kennari
professor
pappír
paper
skrifa
escriure
penni
estilogràfica
skrifborð
escriptori
reglustika
regle
bók
llibre
nemandi
estudiant

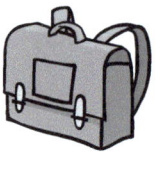

skólataska

bossa

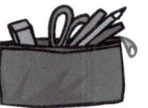

pennaveski

estoig

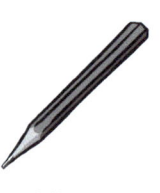

blýantur

llapis

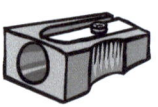

yddari

maquineta de fer punta

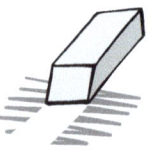

strokleður

goma

teikniblað

bloc de dibuix

teikning

dibuix

pensill

pinzell

litakassi

capsa de pintures

skæri

tisores

lím

cola

æfingabók

quadern d'exercicis

heimavinna

deures

12

númer

nombre

2+2

leggja saman

afegir

5-2

draga frá

sostreure

2×2

margfalda

multiplicar

reikna

calcular

A

bréf

lletra

ABCDEFG HIJKLMN OPQRSTU VWXYZ

stafróf

alfabet

hello

orð

mot

texti

text

lesa

llegir

krít

guix

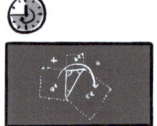

kennslustund

lliçó

kladdi

llibre de classe

próf

examen

vottorð

certificat

skólabúningur

uniforme escolar

menntun

formació

alfræðirit

enciclopèdia

háskóli

universitat

smásjá

microscopi

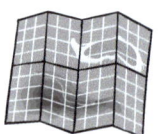

kort

mapa

ruslakarfa

paperera

ferðalög
viatge

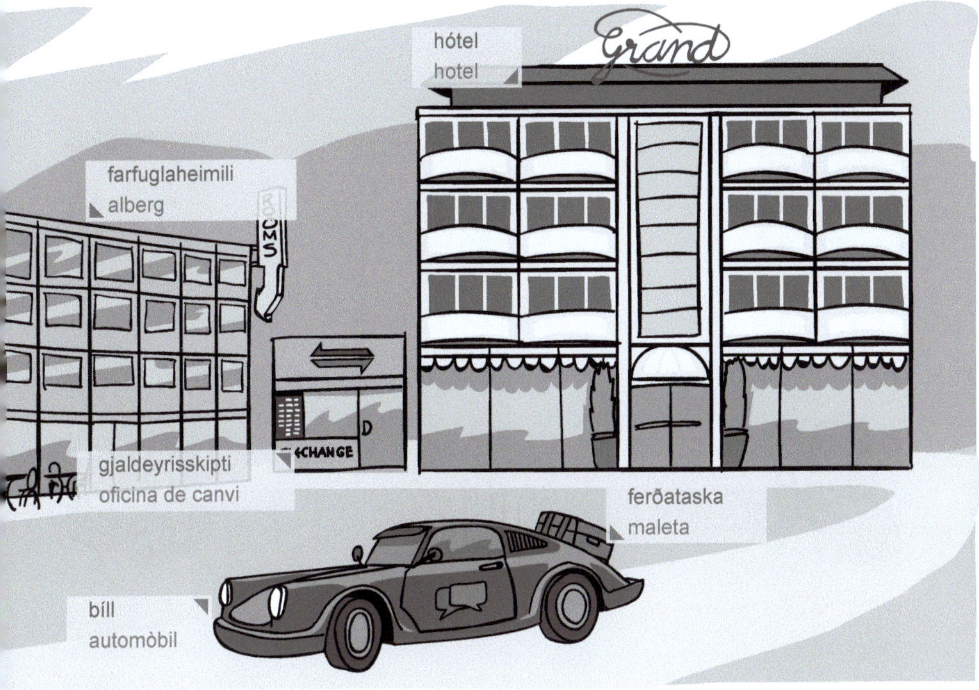

hótel
hotel
Grand
farfuglaheimili
alberg
ROOMS
gjaldeyrisskipti
oficina de canvi
ferðataska
maleta
bíll
automòbil

tungumál
llengua

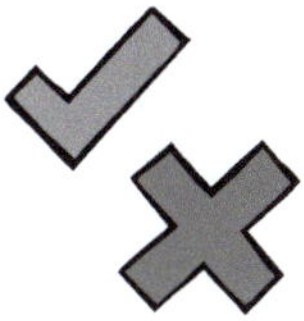

já / nei
sí / no

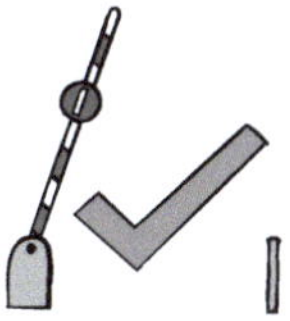

allt í lagi
D'acord

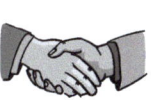

halló
Ey!

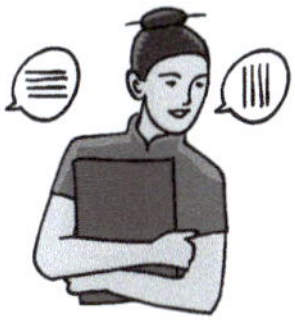

þýðandi
traductora

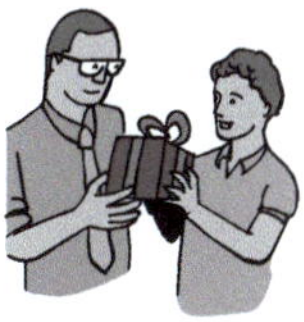

takk fyrir
gràcies

hvað kostar...?

Quant costa... ?

Ég skil ekki

No entenc

vandamál

problema

Gott kvöld!

Bona nit!

Góðan dag!

bon dia!

Góða nótt!

bona nit!

bless bless

fins aviat

átt

direcció

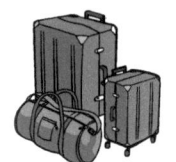

farangur

bagatge

taska

bossa

bakpoki

sarrona

gestur

convidat

herbergi

cambra

svefnpoki

sac de dormir

tjald

tenda

upplýsingamiðstöð

oficina de turisme

strönd

platja

kreditkort

carta de crèdit

morgunverður

esmorzar

hádegisverður

dinar

kvöldmatur

sopar

farmiði

bitllet

lyfta

ascensor

frímerki

segell

landamæri

frontera

tollur

duana

sendiráð

ambaixada

vegabréfsáritun

visat

vegabréf

passaport

samgöngur
transport

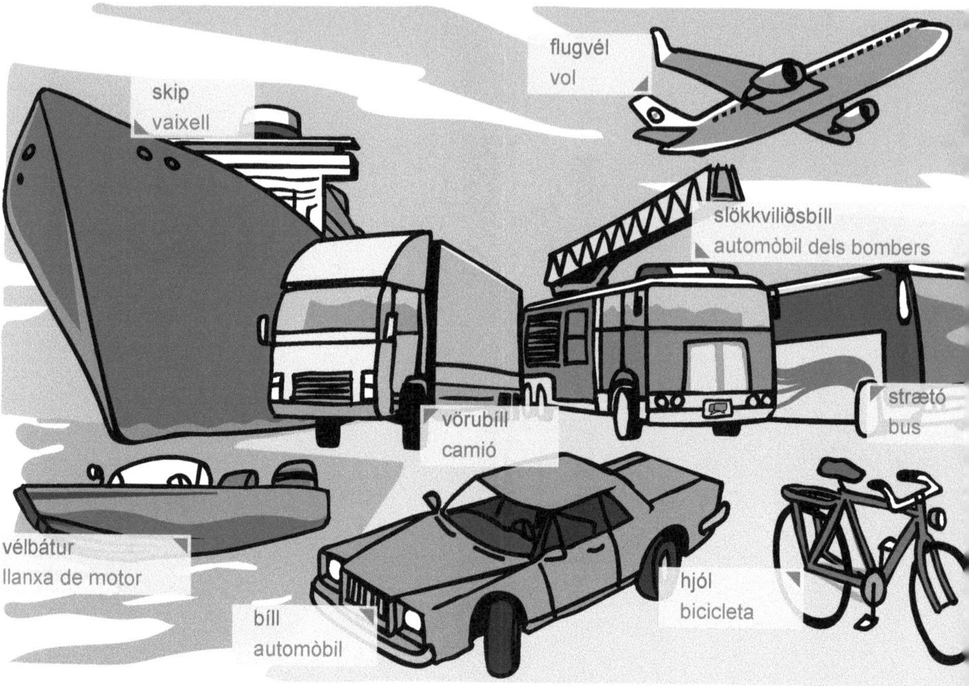
skip
vaixell
flugvél
vol
slökkviliðsbíll
automòbil dels bombers
strætó
bus
vörubíll
camió
vélbátur
llanxa de motor
bíll
automòbil
hjól
bicicleta

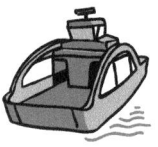

ferja

transbordador

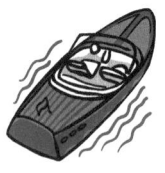

bátur

barca

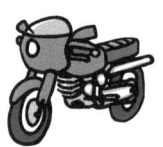

mótorhjól

moto

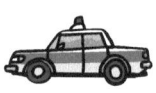

lögreglubíll

automòbil de policia

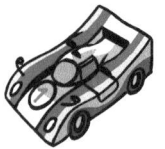

kappakstursbíll

automòbil de curses

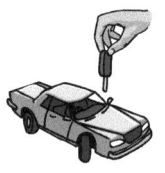

bílaleigubíll

automòbil de lloguer

bílasamneyti
·················
vehicle compartit

dráttarbíll
·················
grua

öskubíll
·················
camió de les escombraries

vél
·················
motor

eldsneyti
·················
benzina

bensínstöð
·················
benzineria

umferðarskilti
·················
senyal de trànsit

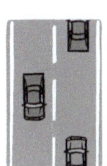

umferð
·················
trànsit

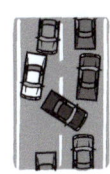

umferðarteppa
·················
embús

bílastæði
·················
aparcament

lestarstöð
·················
estació de trens

járnbrautarteinar
·················
vies

lest
·················
tren

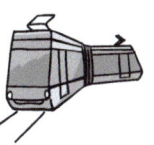

sporvagn
·················
tramvia

vagn
·················
vagó

þyrla

helicòpter

flugvöllur

aeroport

turn

torre

farþegi

passatger

gámur

contenidor

pappakassi

capsa de cartó

kerra

carretó

karfa

cistella

takast á loft / lenda

enlairar-se / aterrar

borg
ciutat

þorp

poble

miðbær

centre de la ciutat

hús

casa

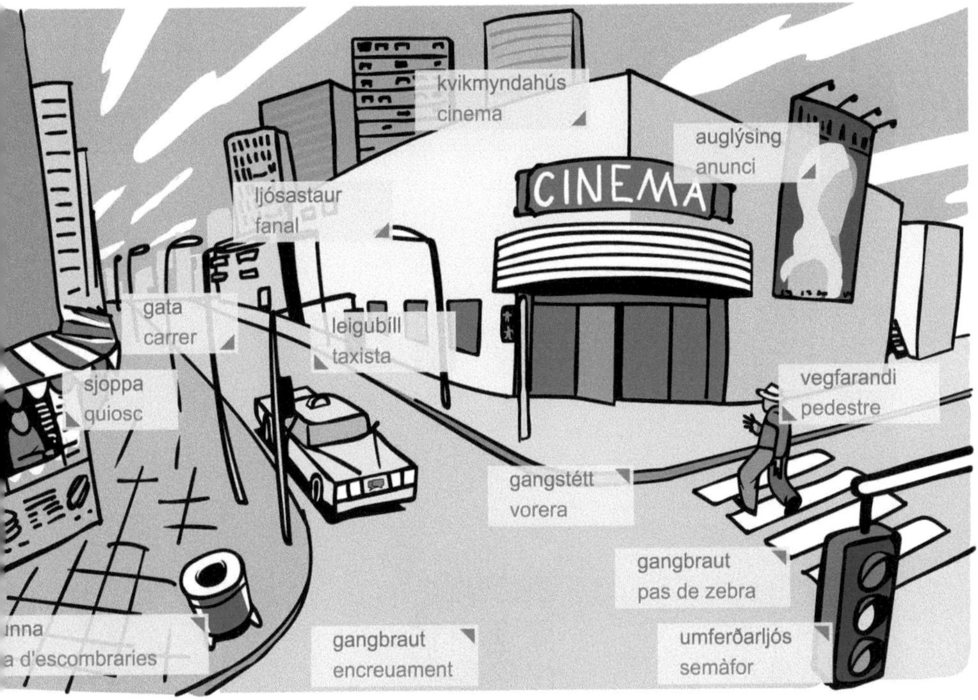

kvikmyndahús
cinema

auglýsing
anunci

ljósastaur
fanal

CINEMA

gata
carrer

leigubíll
taxista

vegfarandi
pedestre

sjoppa
quiosc

gangstétt
vorera

gangbraut
pas de zebra

unna
a d'escombraries

gangbraut
encreuament

umferðarljós
semàfor

skáli
....
cabana

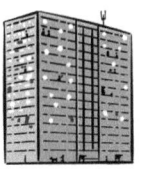

íbúð
....
apartament

lestarstöð
....
estació de trens

ráðhús
....
casa de la vila-ciutat

safn
....
museu

skóli
....
escola

háskóli

universitat

banki

banca

sjúkrahús

hospital

hótel

hotel

apótek

farmàcia

skrifstofa

oficina

bókabúð

llibreria

búð

botiga

blómabúð

floristeria

kjörbúð

supermercat

markaður

mercat

stórmarkaður

gran magatzem

fiskbúð

peixateria

verslunarmiðstöð

centre comercial

höfn

port

almenningsgarður

parc

bekkur

banc

brú

pont

stigi

escala

neðanjarðarlest

metro

göng

túnel

biðstöð

parada d'autobús

bar

bar

veitingastaður

restaurant

póstkassi

bústia de correu

götuskilti

senyal indicador

stöðumælir

parquímetre

dýragarður

zoo

sundlaug

piscina

moska

mesquita

bær
granja

mengun
pol·lució

kirkjugarður
cementiri

kirkja
església

leiksvæði
parc infantil

musteri
temple

landslag
paisatge

laufblað
fulla

leiðarvísir
cartell indicador

leið
camí

engi
prat

göngufólk
excursionista

steinn
pedra

tré
arbre

á
riu

gras
gespa

blóm
flor

dalur

vall

hæð

muntanya

stöðuvatn

llac

skógur

bosc

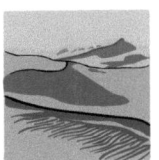

eyðimörk

desert

eldfjall

volcà

kastali

castell

regnbogi

arc de Sant Martí

sveppur

bolet

pálmatré

palmera

moskítófluga

moscard

fluga

mosca

maur

formiga

býfluga

abella

kónguló

aranya

bjalla

escarabat

froskur

granota

íkorni

esquirol

broddgöltur

eriçó

héri

llebre

ugla

òliba

fugl

ocell

svanur

cigne

villisvín

senglar

dádýr

cervo

elgur

ant

stífla

presa

vindmylla

turbina

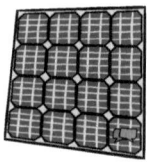

sólarrafhlaða

panell solar

loftslag

clima

veitingastaður
restaurant

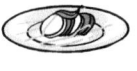

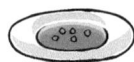

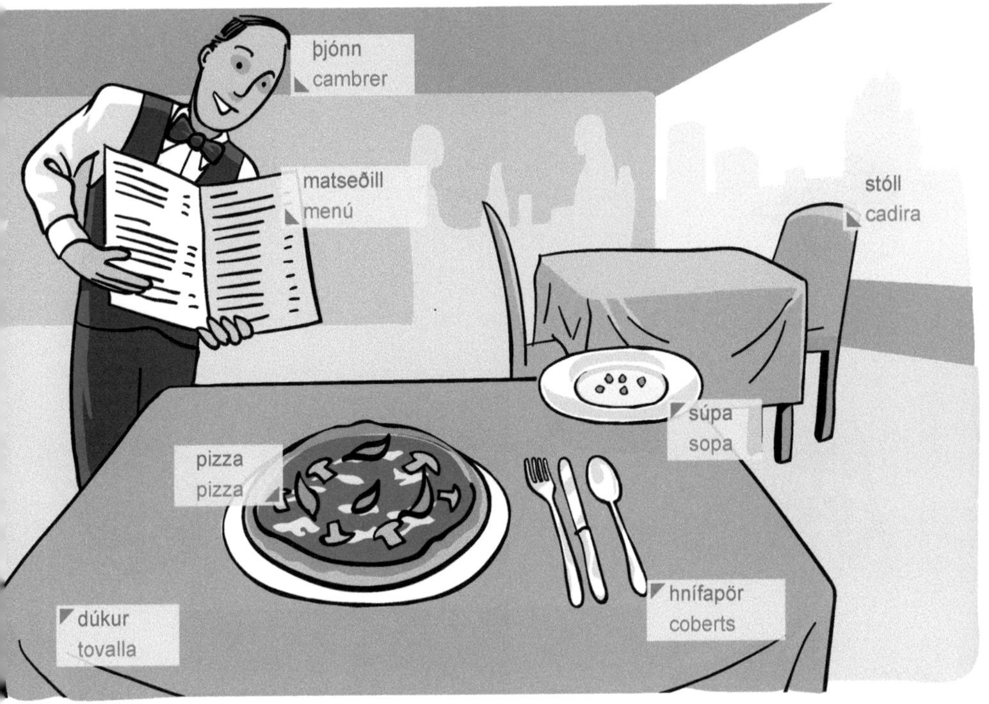
þjónn
cambrer
matseðill
menú
stóll
cadira
súpa
sopa
pizza
pizza
hnífapör
coberts
dúkur
tovalla

forréttur

primer plat

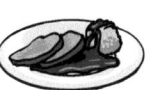

aðalréttur

plat principal

eftirréttur

darreries

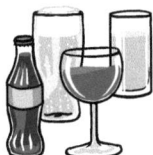

drykkir

begudes

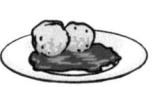

matur

menjar

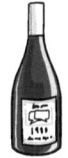

flaska

ampolla

skyndibiti

menjar ràpid

götumatur

menjar de carrer

teketill

tetera

sykurskál

sucrer

skammtur

porció

espressovél

màquina d'espresso

barnastóll

trona

reikningur

factura

bakki

plata

hnífur

ganivet

gaffall

forqueta

skeið

cullera

teskeið

cullereta

servíetta

tovalló

glas

got

veitingastaður - restaurant

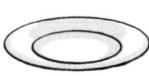

diskur
plat

súpudiskur
plat de sopa

undirskál
plateret

sósa
salsa

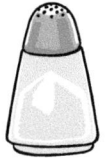

saltstaukur
saler

piparkvörn
molinet de pebre

edik
vinagre

olía
oli

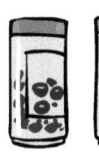

krydd
espècies

tómatsósa
quètxup

sinnep
mostassa

majónes
maionesa

kjörbúð
supermercat

tilboð
oferta especial
FOR
viðskiptavinur
client
mjólkurvörur
productes lactis
ávöxtur
fruites
búðarkerra
carret de la compra

BUTCHERS

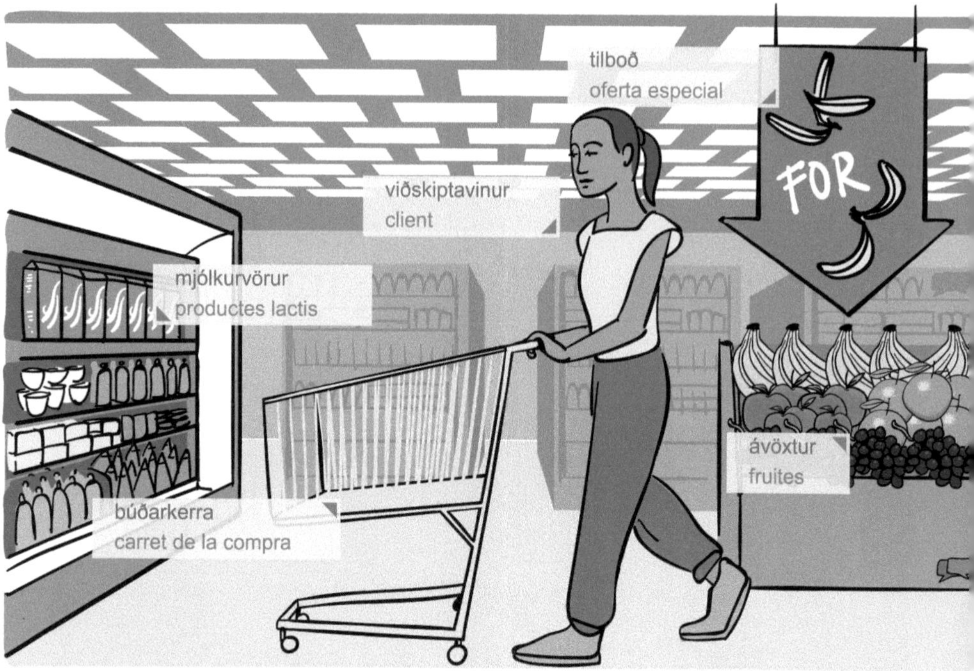

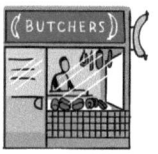

slátrari

carnisseria

BAKERY

bakarí

forn de pa

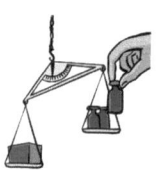

vega

pesar

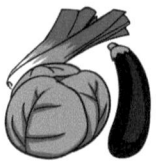

grænmeti

verdures

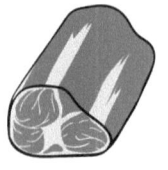

kjöt

carn

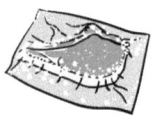

frosinn matur

menjar congelat

kjötálegg

carn freda

niðursoðinn matur

conserves

þvottaefni

detergent en pols

sælgæti

dolços

vörur til heimilisnota

articles domèstics

hreinsiefni

productes de neteja

afgreiðslukona

venedora

afgreiðslukassi

caixa registradora

gjaldkeri

caixera

innkaupalisti

llista de la compra

opnunartímar

horari d'obertura

veski

portamonedes

kreditkort

carta de crèdit

poki

bossa

plastpoki

bossa de plàstic

vatn

aigua

safi

suc

mjólk

llet

kók

coca-cola

vín

vi

bjór

cervesa

áfengi

alcohol

kakó

cacau

te

te

kaffi

cafè

espresso

espresso

kaffi

cappuccino

banani

banana

epli

poma

appelsínugulur

taronja

melóna

síndria

sítróna

llimona

gulrót

pastanaga

hvítlaukur

all

bambus

bambú

laukur

ceba

sveppir

bolet

hnetur

avellanes

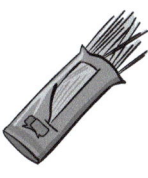

núðlur

fideus

spagettí
....
espaguetis

hrísgrjón
....
arròs

salat
....
amanida

franskar kartöflur
....
patates fregides

steiktar kartöflur
....
patates fregides

pizza
....
pizza

hamborgari
....
hamburguesa

samloka
....
entrepà

snitsel
....
escalopa

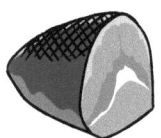

skinka
....
cuixot

salami
....
salami

pylsa
....
salsitxa

kjúklingur
....
pollastre

steik
....
rostit

fiskur
....
peix

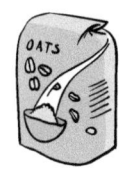

haframjöl

flocs de civada

múslí

musli

kornflögur

cereals

hveiti

farina

franskt horn

croissant

smábrauð

panet

brauð

pa

ristað brauð

torrada

kex

bescuits

smjör

mantega

ystingur

mató

kaka

pastís

egg

ou

spælt egg

ou fregit

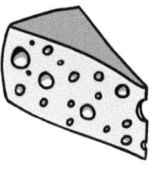

ostur

formatge

ís
....
gelat

sykur
....
sucre

hunang
....
mel

sulta
....
melmelada

súkkulaðiálegg
....
crema de xocolata

karrý
....
curri

bær

granja

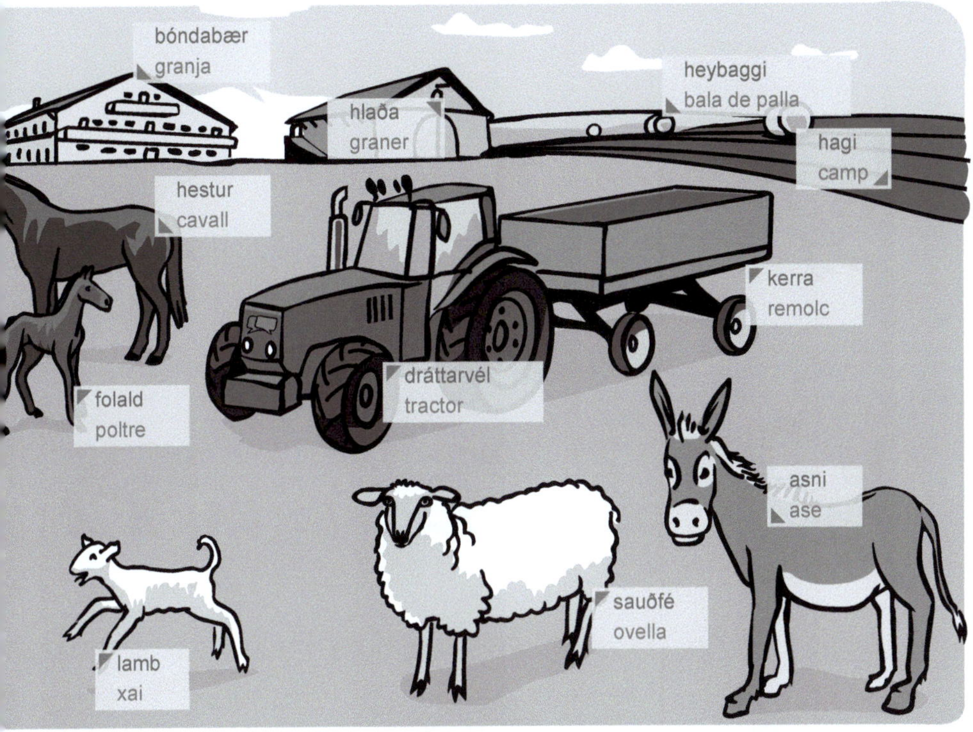

bóndabær
granja
heybaggi
bala de palla
hlaða
graner
hagi
camp
hestur
cavall
kerra
remolc
dráttarvél
tractor
folald
poltre
asni
ase
sauðfé
ovella
lamb
xai

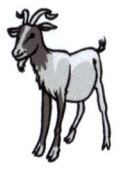

geit

cabra

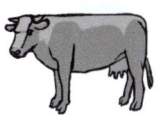

kýr

vaca

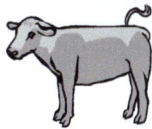

kálfur

vedella

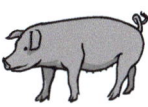

svín

porc

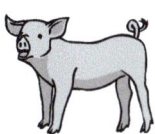

grís

garrí

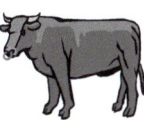

naut

bou

gæs
oca

önd
ànec

ungi
poll

hæna
gall

hani
gallina

rotta
rata

köttur
gat

mús
ratolí

uxi
bou

hundur
gos

hundakofi
gossera

garðslanga
mànega de regar

garðkanna
regadora

ljár
dalla

plógur
arada

sigð

falç

hlújárn

aixada

heygaffall

forca

öxi

destral

hjólbörur

carretó

trog

abeurador

mjólkurfata

lletera

poki

sac

girðing

tanca

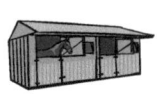

gripahús

establa

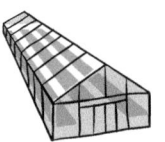

gróðurhús

hivernacle

jarðvegur

sòl

fræ

llavor

áburður

adob

kornskurðarvél

collidora

uppskera

collir

uppskera

collita

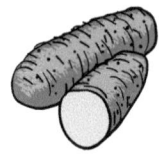

kínverskar kartöflur

nyam

hveiti

blat

soja

soja

kartafla

patata

maís

blat de moro o d'indi

repja

colza

ávaxtatré

arbre fruiter

maníókarót

mandioca

korn

cereals

hús

casa

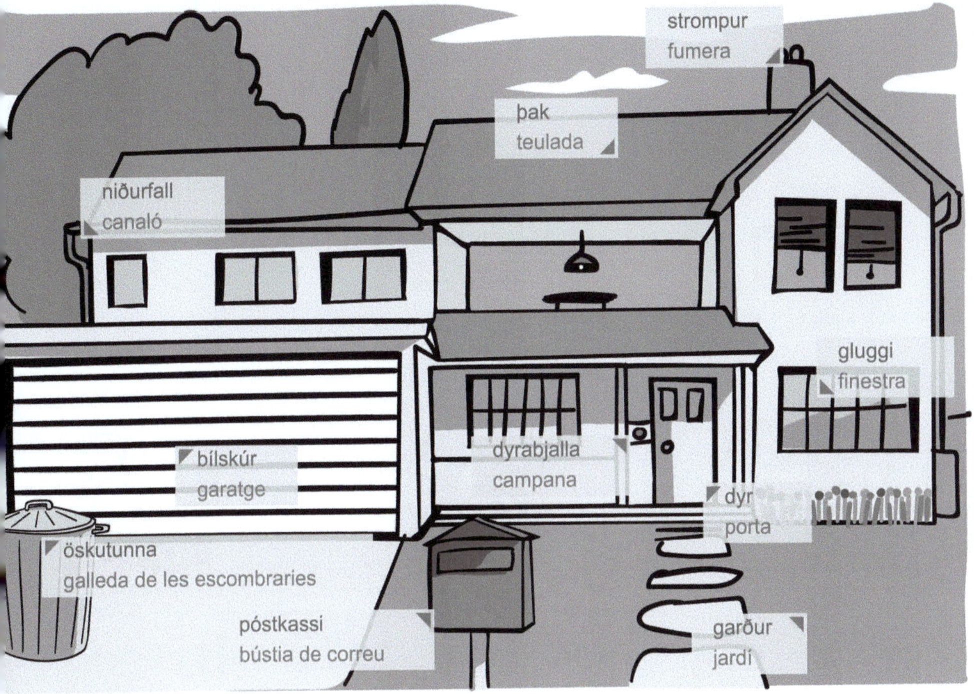
strompur
fumera
þak
teulada
niðurfall
canaló
gluggi
finestra
bílskúr
garatge
dyrabjalla
campana
dyr
porta
öskutunna
galleda de les escombraries
póstkassi
bústia de correu
garður
jardí

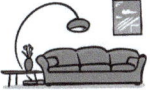

stofa

sala d'estar

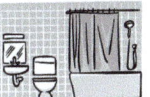

baðherbergi

bany

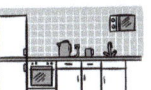

eldhús

cuina

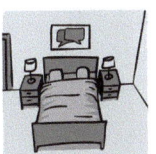

svefnherbergi

cambra de dormir

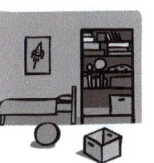

barnaherbergi

cambra de nen

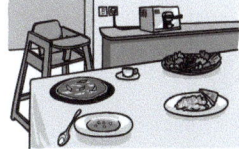

borðstofa

menjador

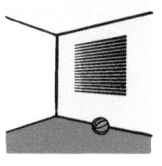

gólf

sòl

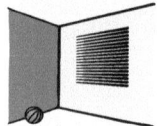

veggur

paret

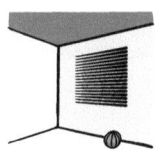

loft

sostre

kjallari

soterrani

gufubað

sauna

svalir

balcó

verönd

terrassa

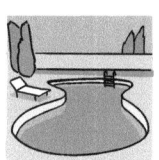

sundlaug

piscina

sláttuvél

tallagespa

lak

vànova

rúmteppi

cobrellit

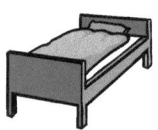

rúm

llit

kústur

escombra

fata

galleda

rofi

interruptor

stofa

sala d'estar

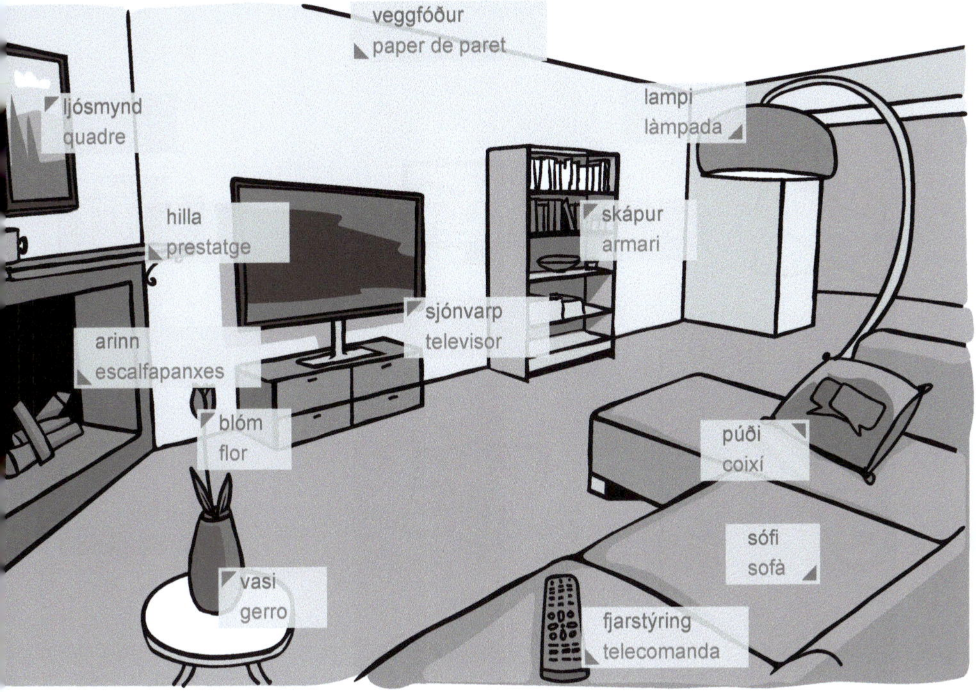
veggfóður
paper de paret
ljósmynd
quadre
lampi
làmpada
hilla
prestatge
skápur
armari
sjónvarp
televisor
arinn
escalfapanxes
blóm
flor
púði
coixí
sófi
sofà
vasi
gerro
fjarstýring
telecomanda

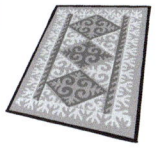

teppi
catifa

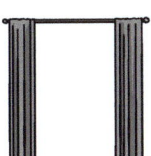

gardínur
cortina

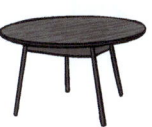

borð
taula

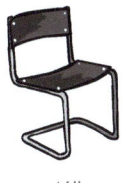

stóll
cadira

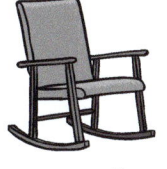

ruggustóll
cadira gronxadora

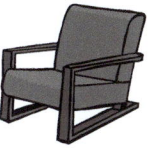

hægindastóll
cadiral

bók
llibre

sæng
llençol

skraut
decoració

eldiviður
llenya

mynd
film

hljómflutningstæki
cadena de música

lykill
clau

dagblað
diari

málverk
pintura

veggspjald
cartell

útvarp
ràdio

minnisbók
bloc de notes

ryksuga
aspiradora

kaktus
cactus

kerti
candela

eldhús
cuina

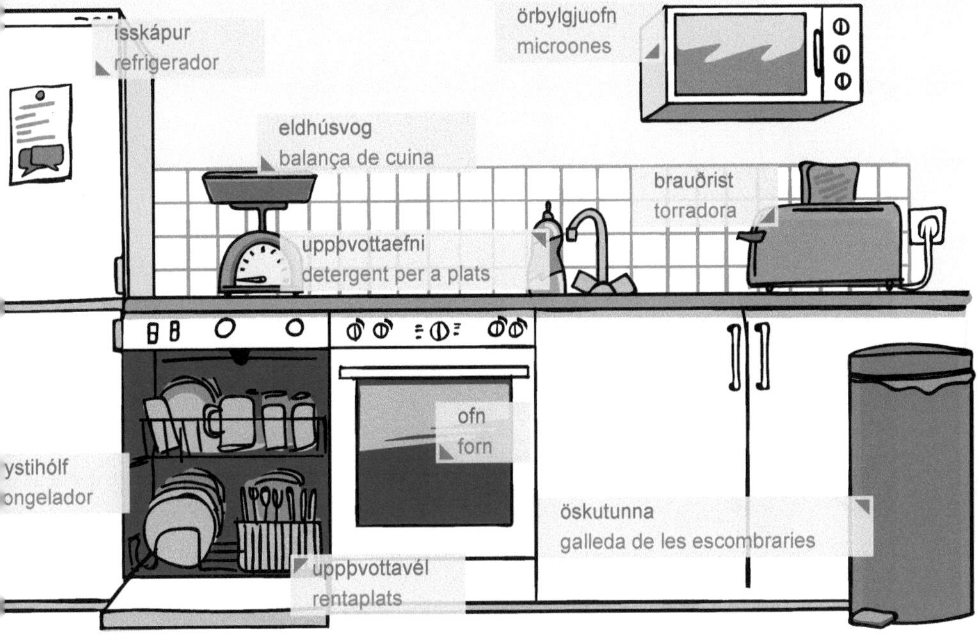

ísskápur
refrigerador
örbylgjuofn
microones
eldhúsvog
balança de cuina
brauðrist
torradora
uppþvottaefni
detergent per a plats
ofn
forn
ystihólf
ongelador
öskutunna
galleda de les escombraries
uppþvottavél
rentaplats

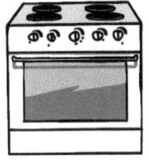

eldavél

cuina de fogons

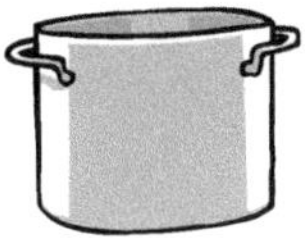

pottur

olla

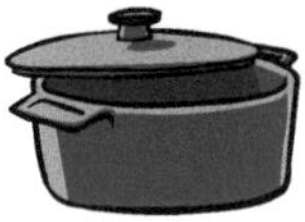

steypujárnspottur

olla de ferro colat

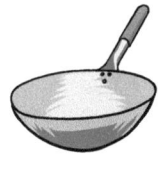

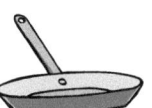

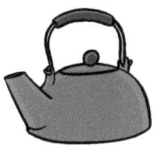

wok/kadai

wok / karahi

panna

paella

ketill

bullidor

gufukarfa

olla de vapor

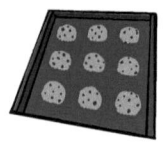

ofnform

plata de forn

leirtau

vaixella

mál

tassa grossa

skál

bol

prjónar

bastonets xinesos

ausa

culler

spaði

espàtula

pískur

batedor

sigti

colador

málmsigti

sedàs

rifjárn

ratllador

mortél

morter

grill

barbacoa

opinn eldur

foc a terra

skurðarbretti

taula de tallar

kökukefli

corró

tappatogari

llevataps

dós

pot de conserva

dósaopnari

obridor

pottaleppur

agafador

vaskur

aigüera

bursti

raspall

svampur

esponja

blandari

batedora

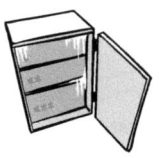

frystir

congelador

peli

biberó

blöndunartæki

aixeta

eldhús - cuina

baðherbergi
bany

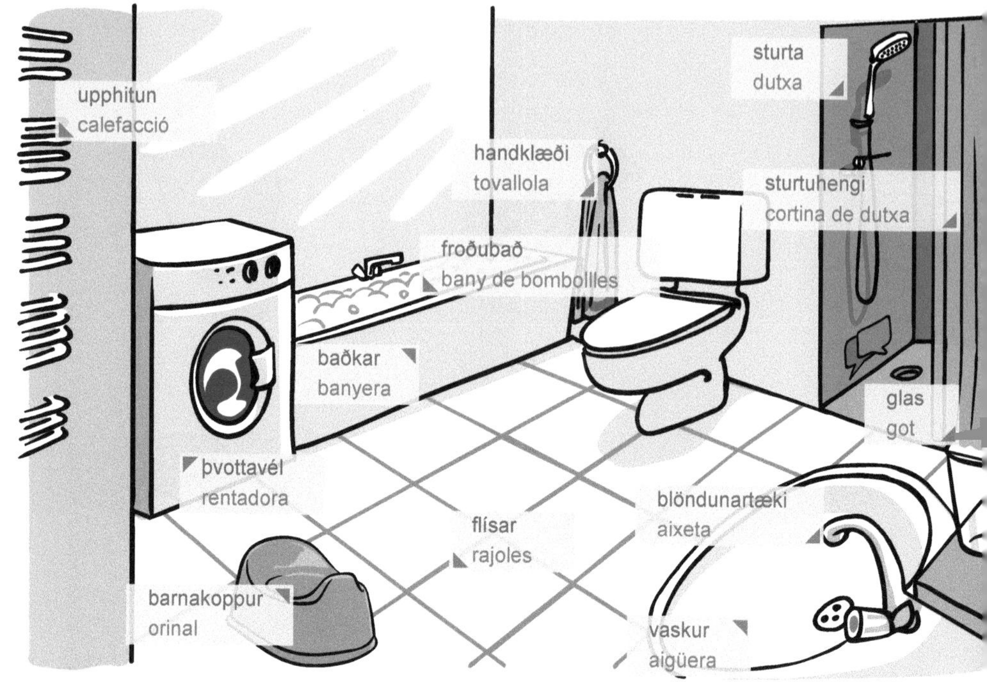

upphitun
calefacció

sturta
dutxa

handklæði
tovallola

sturtuhengi
cortina de dutxa

froðubað
bany de bombolles

baðkar
banyera

þvottavél
rentadora

glas
got

flísar
rajoles

blöndunartæki
aixeta

barnakoppur
orinal

vaskur
aigüera

salerni

lavabo

salerni án setu

lavabo turc

skolskál

bidet

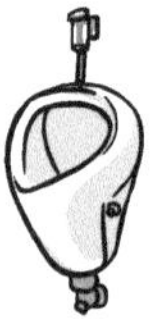

þvagskál

orinador

salernispappír

paper higiènic

salernisbursti

escombreta de sanitari

tannbursti

raspall de dents

tannkrem

pasta de dents

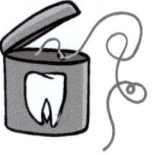

tannþráður

fil dental

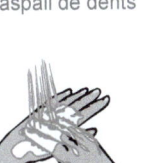

þvo

rentar

handsturta

pom de dutxa

salernissturta

dutxa íntima

vaskur

rentamans

bakbursti

raspall per a l'esquena

sápa

sabó

sturtugel

gel de dutxa

sjampó

xampú

flannel

manyopla de bany

niðurfall

bonera

krem

crema

svitalyktareyðir

desodorant

spegill

mirall

handspegill

mirall-espill de mà

rakskafa

maquineta de rasar

raksápa

espuma de barbejar

rakspíri

loció post-rasada

greiða

pinta

bursti

raspall

hárþurrka

eixugador

hársprey

laca

farði

maquillatge

varalitur

pintallavis

naglalakk

esmalt d'ungles

bómull

cotó

naglaklippur

tallaungles

ilmvatn

perfum

þvottapoki

estoig de bellesa

kollur

tamboret

vog

bàscula

sloppur

barnús

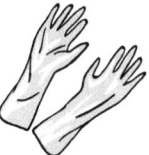

gúmmíhanskar

guants de goma

tíðatappi

compresa higiènica

dömubindi

compresa

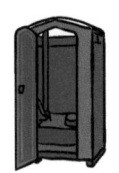

efnasalerni

sanitari químic

barnaherbergi
cambra de nen

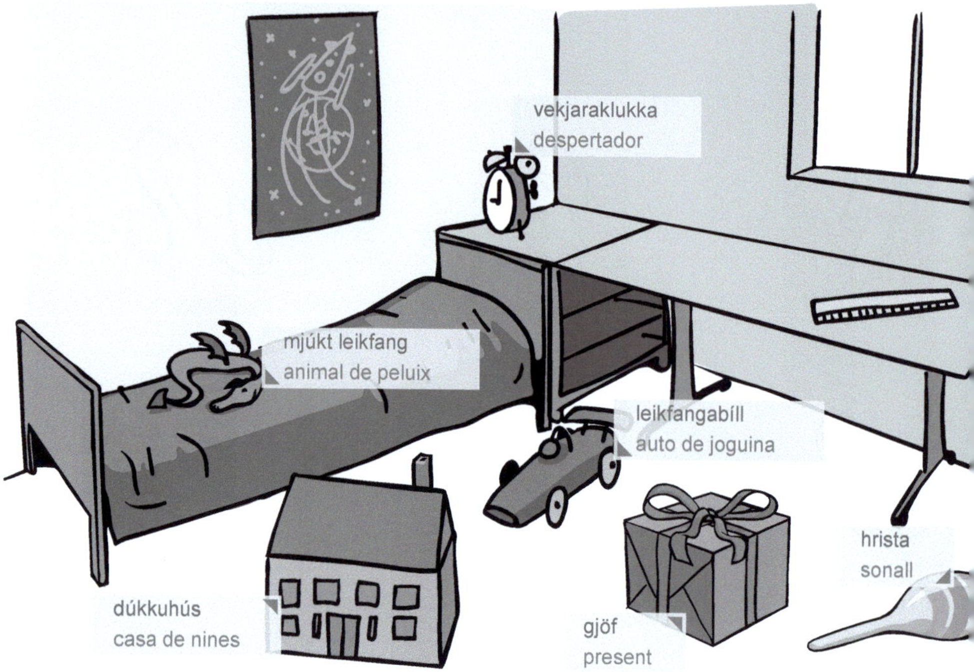
vekjaraklukka
despertador
mjúkt leikfang
animal de peluix
leikfangabíll
auto de joguina
hrista
sonall
dúkkuhús
casa de nines
gjöf
present

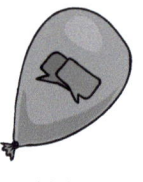

blaðra

baló

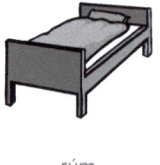

rúm

llit

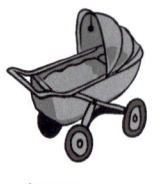

barnavagn

cotxet per a nens

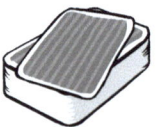

spilastokkur

joc de cartes

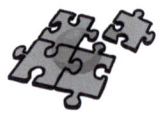

púsluspil

trencaclosca

SUPER
MEGA

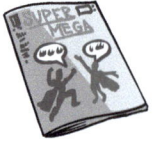

myndasaga

historieta

legókubbar

peces de lego

leikfangakubbar

peces de construcció

leikfangakall

ninot d'acció

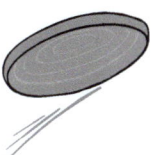

samfestingur

granota

Frisbídiskur

frisbee

órói

mòbil per a bressol

spilaborð

joc de taula

teningar

daus

lestarlíkan

tren elèctric

snuð

xumet

veisla

festa

myndabók

llibre de dibuixos

bolti

pilota

brúða

nina

spila

jugar

sandkassi

sorrera

sveifla

gronxador

leikföng

joguines

leikjatölva

consola de jocs de vídeo

þríhjól

tricicle

bangsi

osset de peluix

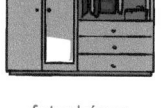

fataskápur

armari

sokkar

mitjons

kvensokkabuxur

mitges

sokkabuxur

mitja pantaló

trefill
tapacoll

belti
cintura

regnhlíf
paraigua

stuttermabolur
camiseta

strigaskór
sabates d'esport

skór
botes

inniskór
plantofes

sandalar

sandàlies

skór

sabates

gúmmístígvél

botes de goma

nærbuxur

calçonets

brjóstahaldari

sostenidor

vesti

guardapits

samfella

jjustacòs

buxur

pantalons

gallabuxur

jeans

pils

faldeta

blússa

brusa

skyrta

camisa

peysa

jersei

hettupeysa

dessuadora

jakki

blazer

jakki

jaqueta

frakki

mantell

regnfrakki

impermeable

dragt

vestit de dona

kjóll

vestit de dona

brúðarkjóll

vestit de núvia

jakkaföt

vestit d'home

náttkjóll

camisa de dormir

náttföt

pijama

Sari

sari

höfuðslæða

mocador de cap

túrban

turbant

búrka

burca

kaftan

caftan

abaya

abaia

sundföt

vestit de bany

sundbuxur

calçon(et)s de bany

stuttbuxur

pantalons curts

íþróttagalli

xandall

svunta

davantal

hanskar

guants

hnappur

botó

gleraugu

ulleres

armband

braçalet

hálsmen

collaret

hringur

anell

eyrnalokkur

orellera

húfa

casquet

herðatré

penjador

hattur

capell

bindi

corbata

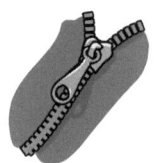

rennilás

cremallera

hjálmur

casc

axlabönd

elàstics

skólabúningur

uniforme escolar

einkennisbúningur

uniforme

smekkur

pitet

snuð

xumet

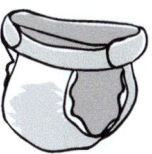

bleyja

bolquer

skrifstofa
oficina

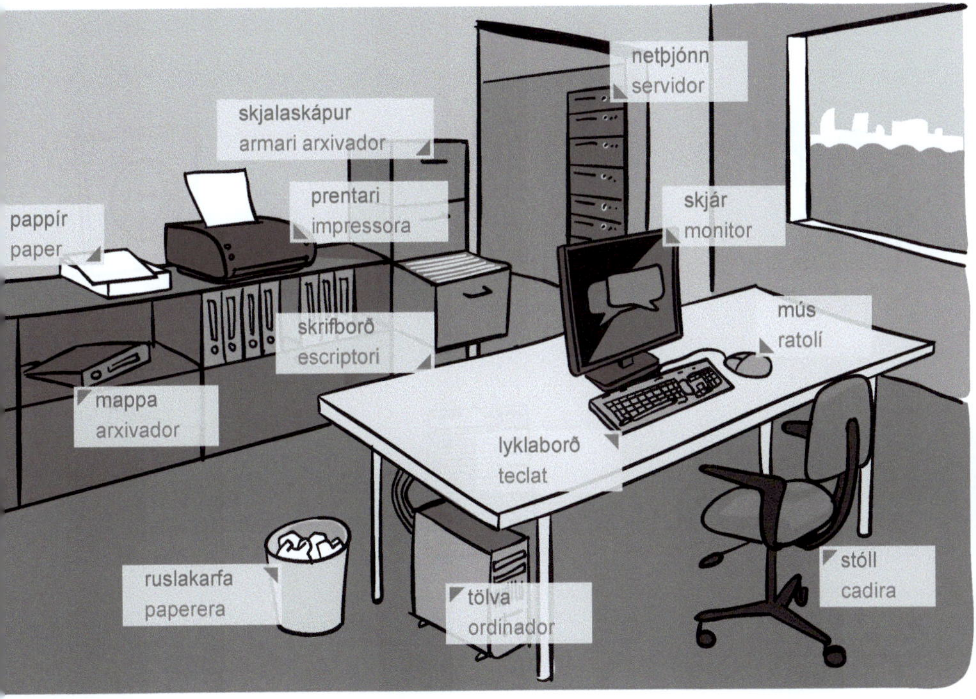

netþjónn
servidor

skjalaskápur
armari arxivador

prentari
impressora

pappír
paper

skjár
monitor

skrifborð
escriptori

mús
ratolí

mappa
arxivador

lyklaborð
teclat

ruslakarfa
paperera

stóll
cadira

tölva
ordinador

kaffibolli

tassa de cafè

reiknivél

calculadora

internet

Internet

fartölva
ordinador portàtil

bréf
lletra

skilaboð
missatge

farsími
mòbil

net
xarxa

ljósritunarvél
fotocopiadora

hugbúnaður
programari

sími
telèfon

innstunga
presa de corrent

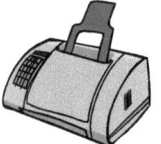

faxtæki
fax

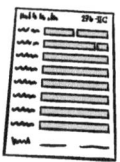

eyðublað
formulari

skjal
document

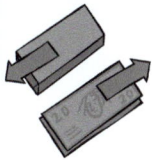

kaupa

comprar

borga

pagar

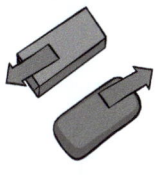

versla

comerciar

peningar

diners

 **USD**

dollari

dòlar

 **EUR**

evra

euro

 **JPY**

jen

ien

 **RUB**

rúbla

ruble

 **CHF**

svissneskur franki

franc suís

 **CNY**

renminbi yuan

renminbi

 **INR**

rúpíur

rupia

hraðbanki

caixa automàtica

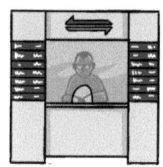

gjaldeyrisskipti

oficina de canvi

gull

or

silfur

argent

olía

petroli

orka

energia

verð

preu

samningur

contracte

skattur

impost

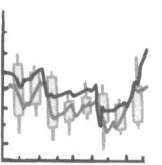

hlutabréf

acció

vinna

treballar

starfsmaður

treballador

vinnuveitandi

empresari

verksmiðja

fàbrica

búð

botiga

starfsgreinar
oficis

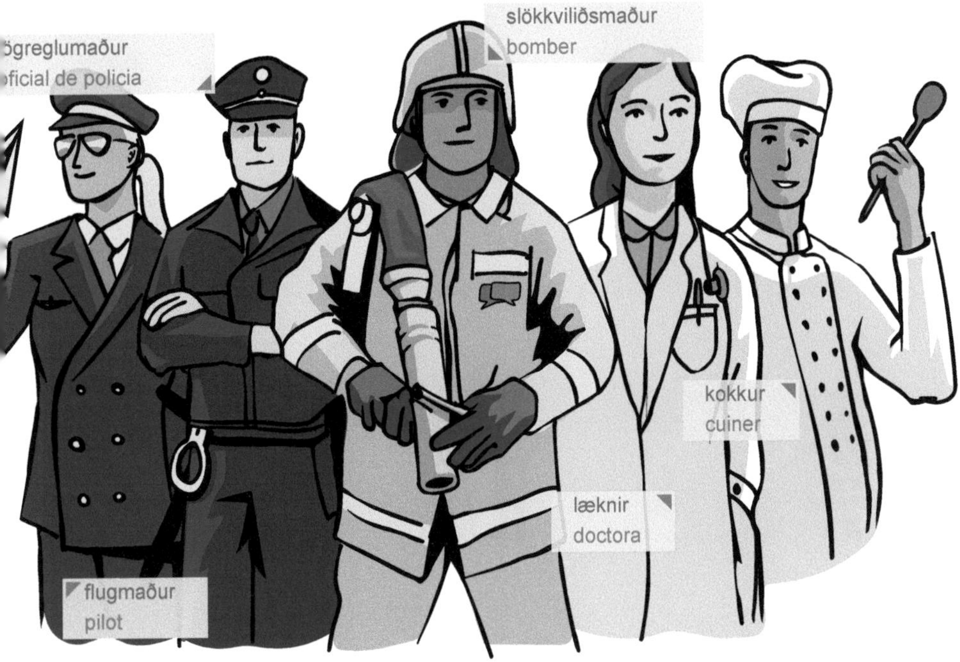

ögreglumaður
ficial de policia
slökkviliðsmaður
bomber
kokkur
cuiner
læknir
doctora
flugmaður
pilot

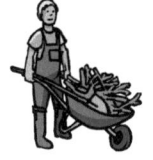

garðyrkjumaður

jardiner

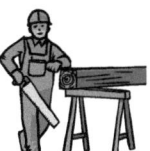

smiður

fuster

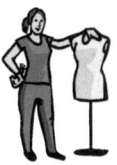

saumakona

costurera

dómari

jutge

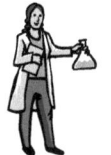

lyfjafræðingur

química

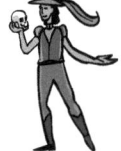

leikari

actor

strætóbílstjóri

conductor d'autobús

leigubílstjóri

taxista

sjómaður

pescador

ræstitæknir

dona de la neteja

þaksmiður

ensostrador

þjónn

cambrer

veiðimaður

caçador

málari

pintor

bakari

forner

rafvirki

electricista

byggingaverkamaður

obrer de la construcció

verkfræðingur

enginyer

slátrari

carnisser

pípari

llanterner

póstmaður

correu

hermaður

soldat

arkitekt

arquitecte

gjaldkeri

caixera

blómasali

florista

hárgreiðslumaður

perruquer

lestarstjóri

revisor

vélvirki

mecànic

skipstjóri

capità

tannlæknir

dentista

vísindamaður

científic

rabbíi

rabí

Imam

imam

munkur

monjo

prestur

capellà

verkfæri
eines

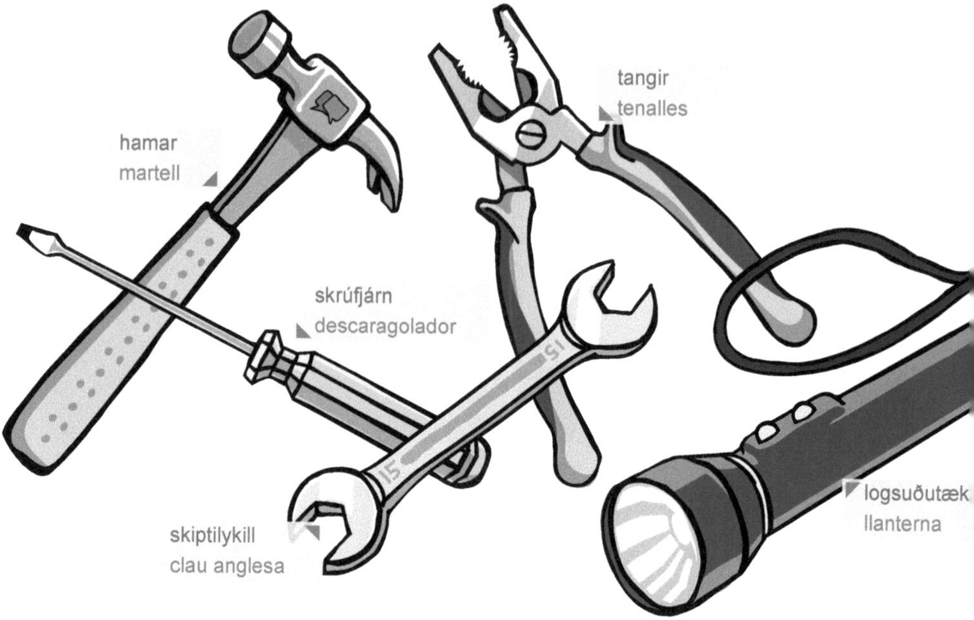
hamar
martell
tangir
tenalles
skrúfjárn
descaragolador
skiptilykill
clau anglesa
logsuðutæk
llanterna

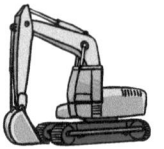

grafa

excavadora

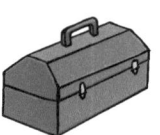

verkfærataska

caixa d'eines

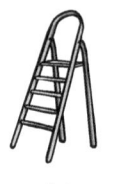

stigi

escala

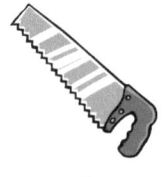

sög

serra

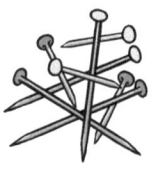

naglar

claus

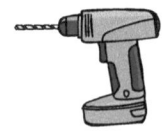

bor

trepant

gera við
....
reparar

skófla
....
pala

Fjandinn!
....
Maleït siga!

fægiskófla
....
pala

málningarfata
....
pot de pintura

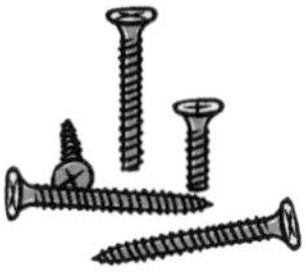

skrúfur
....
caragols

hljóðfæri
instrument de música

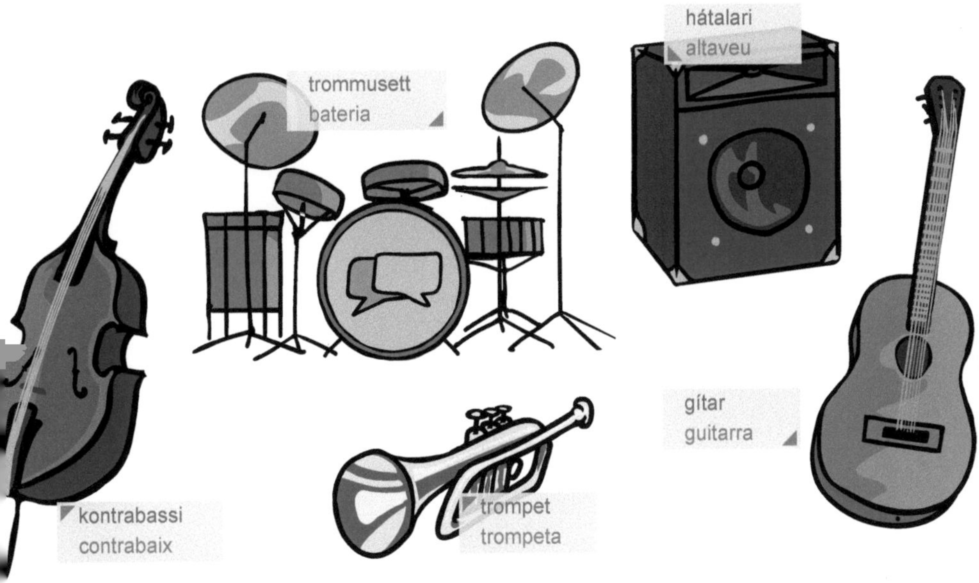

trommusett
bateria

hátalari
altaveu

gítar
guitarra

kontrabassi
contrabaix

trompet
trompeta

píanó

piano

fiðla

violí

bassi

baix

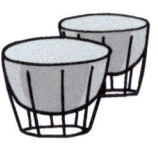

pákur

timbal

trommur

tambor

hljómborð

teclat

saxófónn

saxofon

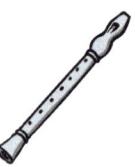

flauta

flauta

hljóðnemi

micròfon

hljóðfæri - instrument de música

dýragarður

zoo

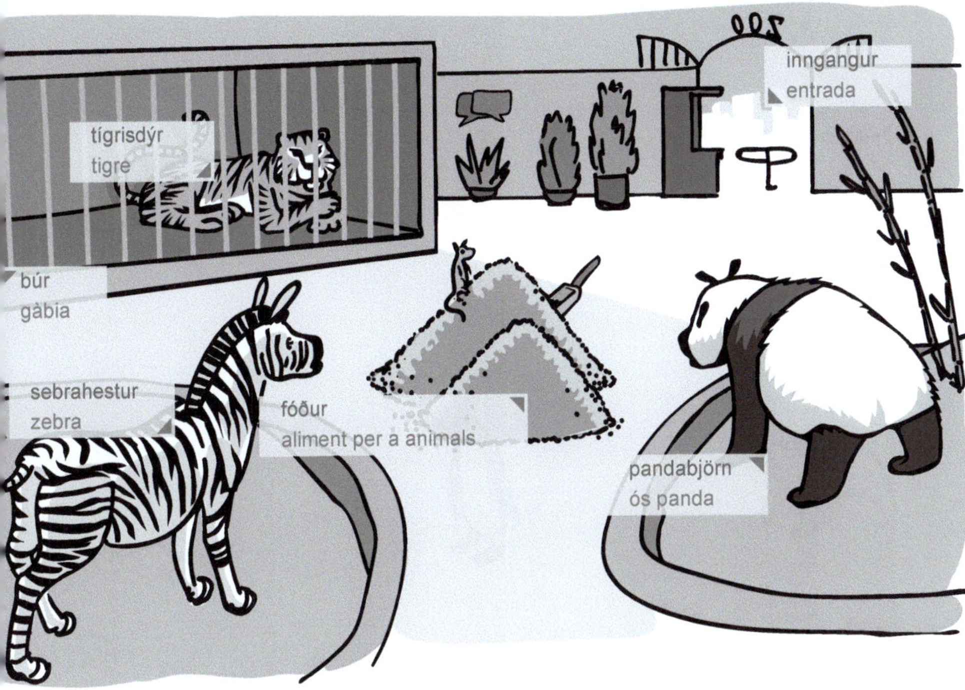

inngangur
entrada
tígrisdýr
tigre
búr
gàbia
sebrahestur
zebra
fóður
aliment per a animals
pandabjörn
ós panda

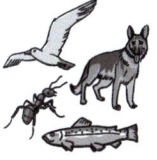

dýr
animals

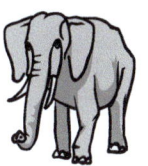

fíll
elefant

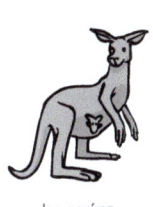

kengúra
cangurú

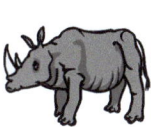

nashyrningur
rinoceront

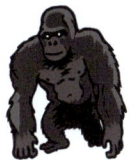

górilla
goril·la

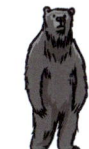

skógarbjörn
ós

úlfaldi

camell

strútur

estruç

ljón

lleó

api

simi

flamingó

flamenc

páfagaukur

papagai

ísbjörn

ós polar

mörgæs

pingüí

hákarl

ca mari

páfugl

paó

snákur

serp

krókódíll

cocodril

dýragarðsvörður

guardià del zoo

selur

foca

jagúar

jaguar

hestur
poni

hlébarði
lleopard

flóðhestur
hipopòtam

gíraffi
girafa

örn
àliga

villisvín
senglar

fiskur
peix

skjaldbaka
tortuga

rostungur
morsa

refur
guineu

gasella
gasela

dýragarður - zoo

Ameríkskur fótbolti
futbol americà

hjólreiðar
ciclisme

tennis
tenis

körfubolti
bàsquet

sund
natació

hnefaleikar
boxa

íshokkí
hoquei sobre gel

fótbolti
....
futbol americà

hnit
....
bàdminton

frjálsar íþróttir
....
atletisme

handbolti
....
handbol

skíði
....
esquí

póló
....
polo

athafnir
activitats

hoppa
saltar
faðma
abraçar
hlæja
riure
ganga
anar
syngja
cantar
dreyma
somiar
biðja
pregar
kyssa
fer un petó

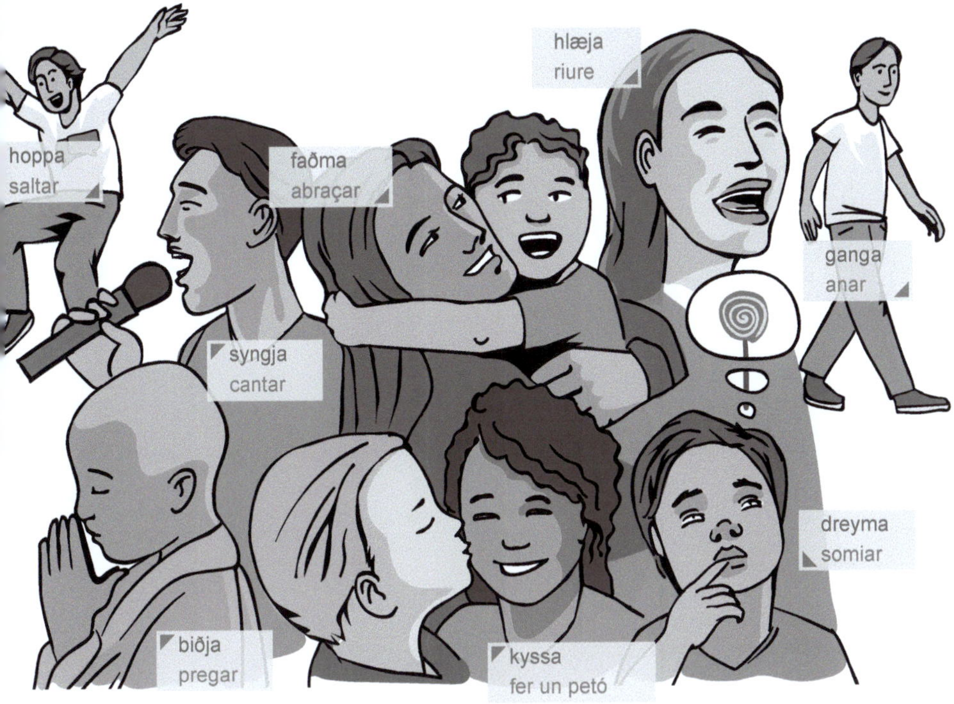

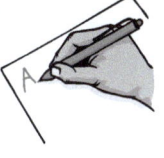

skrifa

escriure

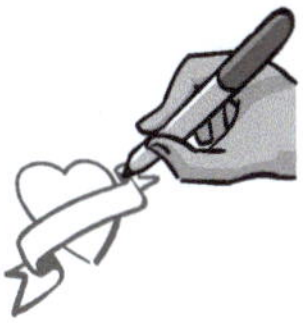

teikna

dibuixar

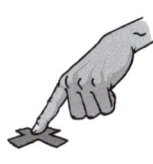

sýna

mostrar

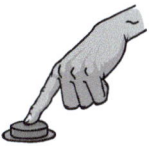

ýta

pitjar

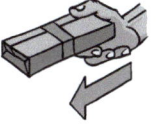

gefa

donar

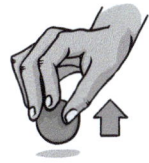

taka

prendre

hafa

tenir

gera

fer

vera

ésser

standa

estar dret

hlaupa

córrer

draga

estirar

kasta

llançar

detta

caure

ljúga

jeure

bíða

esperar

bera

portar

sitja

asseure's

klæða sig

vestir-se

sofa

dormir

vakna

despertar-se

líta á

mirar

gráta

plorar

strjúka

amoixar

greiða

pentinar

tala

parlar

skilja

comprendre

spyrja

demanar

hlusta

escoltar

drekka

beure

borða

menjar

taka til

endreçar

elska

estimar

elda

cuinar

keyra

conduir

fljúga

volar

sigla

navegar

reikna

calcular

lesa

llegir

læra

aprendre

vinna

treballar

giftast

casar-se

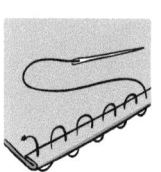

sauma

cosir

bursta tennur

raspallar-se les dents

drepa

matar

reykja

fumar

senda

enviar

athafnir - activitats

fjölskylda
família

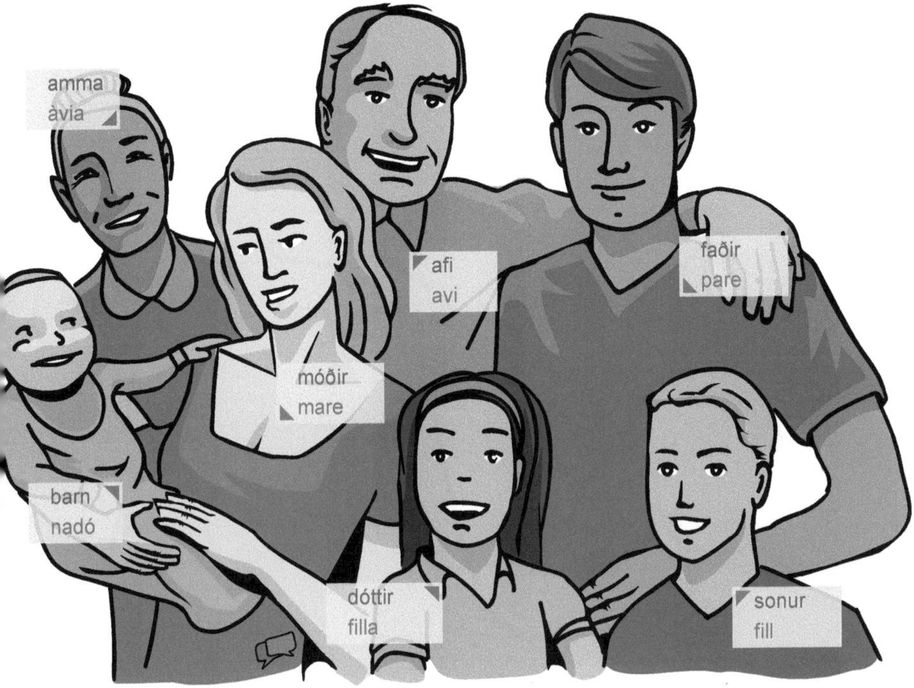
amma
àvia
afi
avi
faðir
pare
móðir
mare
barn
nadó
dóttir
filla
sonur
fill

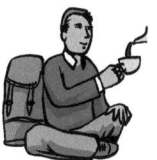

gestur
convidat

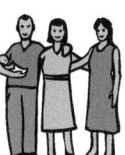

frænka
tia

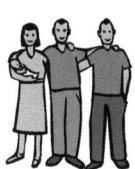

frændi
oncle

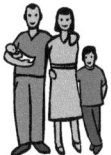

bróðir
germà

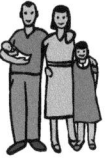

systir
germana

líkami

cos

enni
front
auga
ull
öxl
espatlla
fingur
dit
andlit
cara
haka
barbeta
hönd
mà
fótleggur
cama
brjóst
pit
handleggur
braç

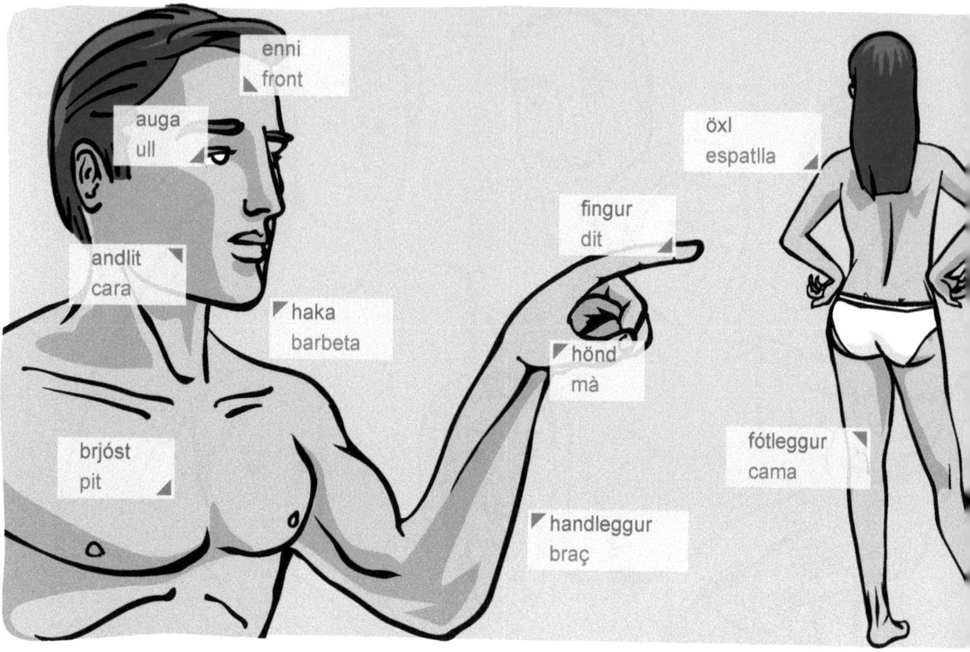

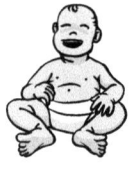

barn
nadó

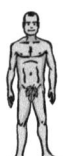

maður
home

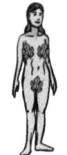

kona
dona

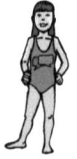

stúlka
noia

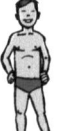

drengur
noi

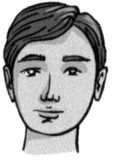

höfuð
cap

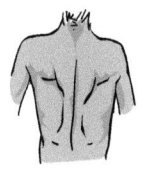

bak
....
esquena

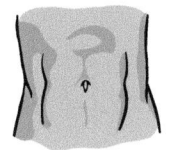

kviður
....
panxa

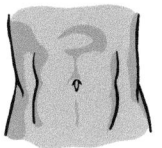

nafli
....
melic

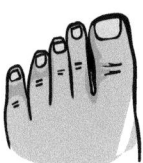

tá
....
dit gros del peu

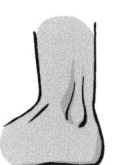

hæll
....
taló

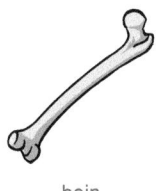

bein
....
os

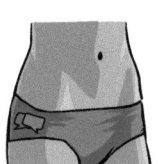

mjöðm
....
maluc

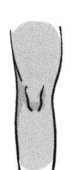

hné
....
genoll

olnbogi
....
colze

nef
....
nas

rass
....
cul

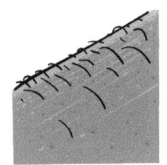

húð
....
pell

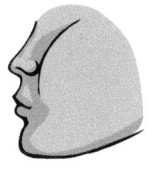

kinn
....
galta

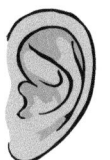

eyra
....
orella

vör
....
llavi

munnur

boca

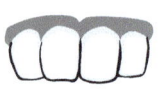

tönn

dent

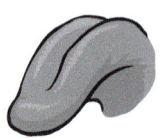

tunga

llengua

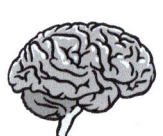

heili

cervell

hjarta

cor

vöðvi

múscul

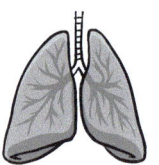

lunga

pulmó

lifur

fetge

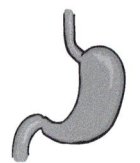

magi

estómac

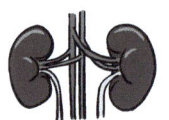

nýru

ronyó

kynmök

relació sexual

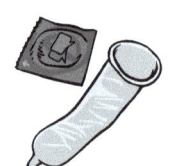

smokkur

preservatiu

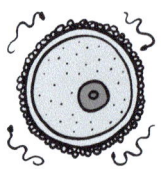

eggfruma

ovari

sæði

semen

ólétta

prenyat

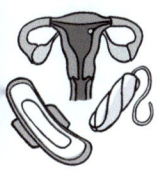

tíðir
menstruació

leggöng
vagina

typpi
penis

augabrún
cella

hár
cabells

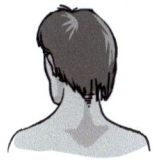

háls
coll

sjúkrahús
hospital

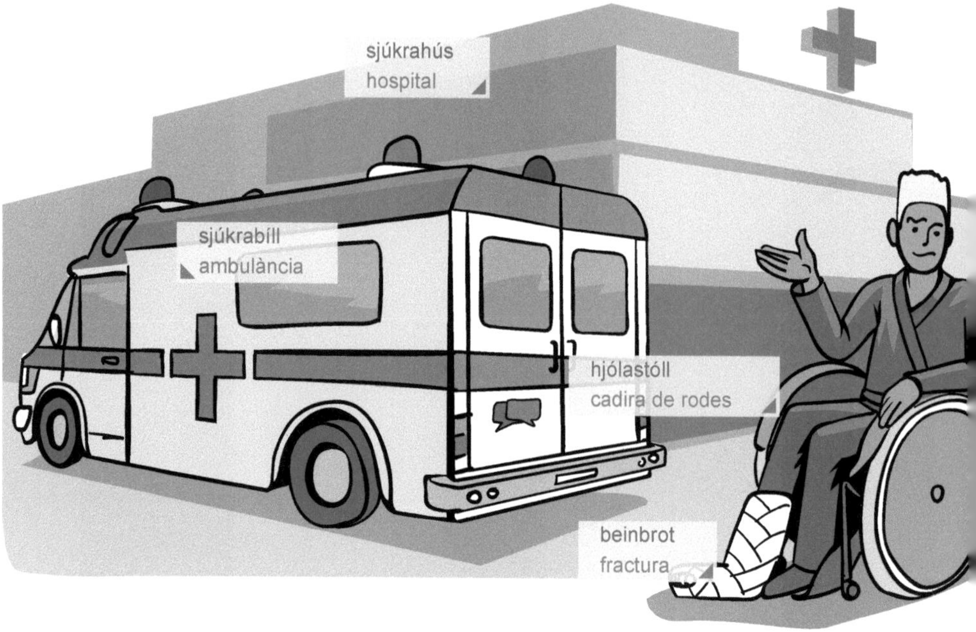

sjúkrahús
hospital
sjúkrabíll
ambulància
hjólastóll
cadira de rodes
beinbrot
fractura

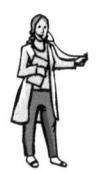

læknir

doctora

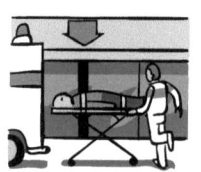

bráðamóttaka

sala d'urgències

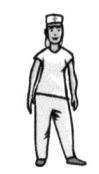

hjúkrunarfræðingur

infermera

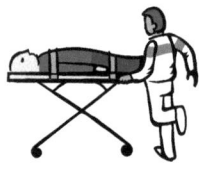

neyðartilvik

urgència

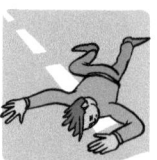

meðvitundarlaus

inconscient

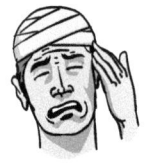

verkir

dolor

meiðsli

ferida

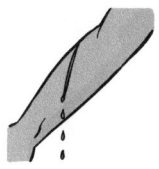

blæðing

sagnament

hjartaáfall

atac de cor

heilablóðfall

apoplexia

ofnæmi

al·lèrgia

hósti

tos

hiti

febre

flensa

gripa

niðurgangur

diarrea

höfuðverkur

mal de cap

krabbamein

càncer

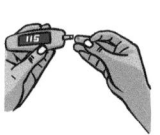

sykursýki

diabetis

skurðlæknir

cirurgià

skurðhnífur

escalpel

aðgerð

operació

sneiðmyndataka

tomografia computada (TC), TAC

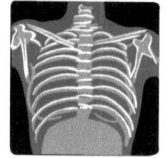

röntgengeisli

raigs x

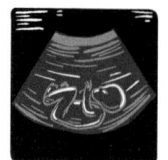

ómskoðun

ultrasò

andlitsgríma

mascareta

sjúkdómur

malaltia

biðstofa

sala d'espera

hækja

crossa

gifs

tireta

sáraumbúðir

embenat

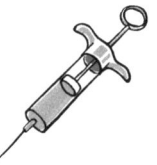

sprauta

injecció

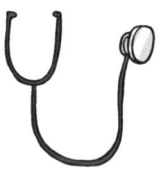

hlustunarpípa

estetoscopi

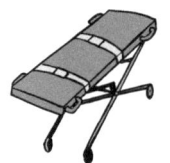

börur

llitera

líkamshitamælir

termòmetre clínic

fæðing

pariment

yfirvigt

sobrepès

heyrnartæki

aparell auditiu

sótthreinsiefni

desinfectant

sýking

infecció

veira

virus

HIV / AIDS

VIH / SIDA

lyf

medicina

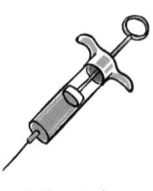

bólusetning

vaccí

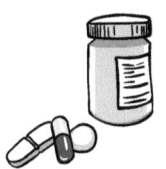

töflur

comprimits

pilla

píl·lola

neyðarsímtal

trucada d'urgència

blóðþrýstingsmælir

tensiòmetre

lasinn / heilbrigður

malalt / sà

sjúkrahús - hospital

Hjálp!

Socors!

viðvörun

alarma

líkamsárás

assalt

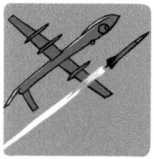

árás

atac

hætta

perill

neyðarútgangur

sortida-eixida d'urgència

Eldur!

Foc!

slökkvitæki

extintor

slys

accident

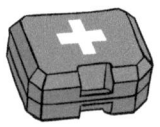

skyndihjálparbúnaður

farmaciola de primers auxilis

SOS

SOS

lögregla

policia

Evrópa

Europa

Norður-Ameríka

Amèrica del Nord

Suður-Ameríka

Amèrica del Sud

Afríka

Àfrica

Asía

Àsia

Ástralía

Austràlia

Atlantshaf

Atlàntic

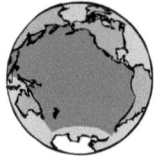

Kyrrahaf

Pacífic

Indlandshaf

Oceà Índic

Suður-Íshaf

Oceà Antàrtic

Norður-Íshaf

Oceà Àrtic

Norðurpóll

pol nord

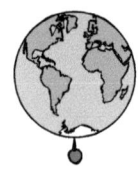

Suðurpóll
....
pol sud

Suðurskautslandið
....
Antàrtida

Jörð
....
terra

land
....
país

sjór
....
mar

eyja
....
illa

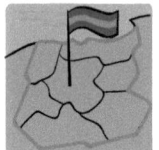

þjóð
....
nació

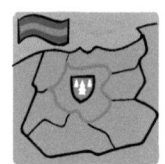

ríki
....
estat

klukkuskífa

quadrant

litli vísir

agulla de les hores

stóri vísir

agulla dels minuts

sekúnduvísir

agulla dels segons

Hvað er klukkan?

Quina hora és?

dagur

dia

tími

temps

nú

ara

tölvuúr

rellotge digital

mínúta

minut

klukkustund

hora

vika

setmana

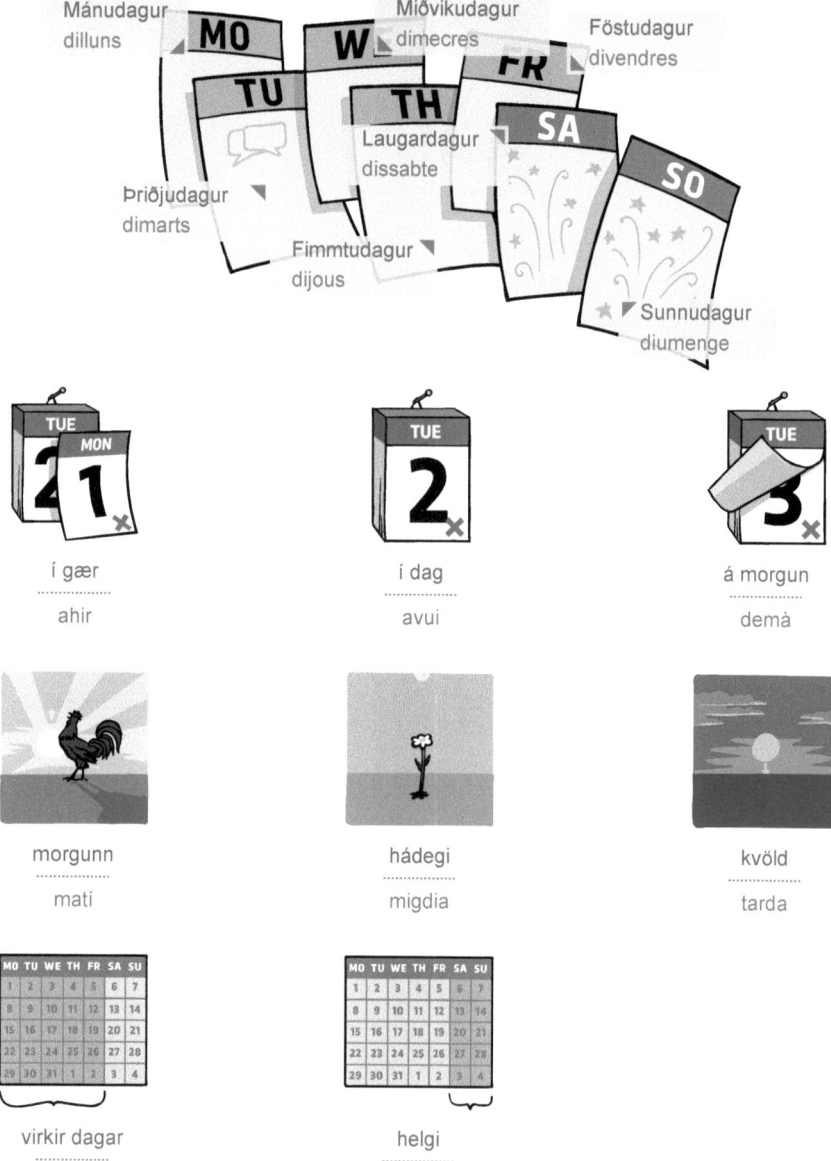

Mánudagur
dilluns

MO

TU

Þriðjudagur
dimarts

Miðvikudagur
dimecres

W

TH

Fimmtudagur
dijous

Föstudagur
divendres

FR

SA

Laugardagur
dissabte

SO

Sunnudagur
diumenge

TUE **MON**

í gær
ahir

TUE

í dag
avui

TUE

á morgun
demà

morgunn
matí

hádegi
migdia

kvöld
tarda

MO	TU	WE	TH	FR	SA	SU
1	2	3	4	5	6	7
8	9	10	11	12	13	14
15	16	17	18	19	20	21
22	23	24	25	26	27	28
29	30	31	1	2	3	4

virkir dagar
dia feiner

MO	TU	WE	TH	FR	SA	SU
1	2	3	4	5	6	7
8	9	10	11	12	13	14
15	16	17	18	19	20	21
22	23	24	25	26	27	28
29	30	31	1	2	3	4

helgi
cap de setmana

ár
any

regnbogi
arc de Sant Martí
rigning
pluja
snjór
neu
vindur
vent
vor
primavera
haust
tardor
sumar
estiu
vetur
hivern

4.APRIL 11°
5.APRIL 4°
6.APRIL 13°
7.APRIL 8°
8.APRIL 10°

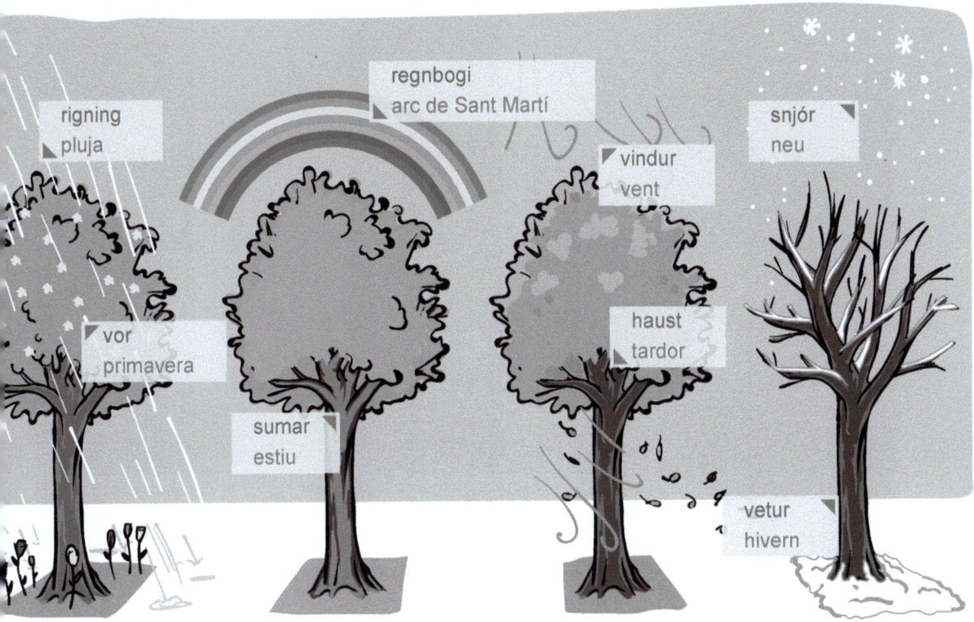

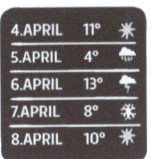

veðurspá

pronòstic del temps

F
C

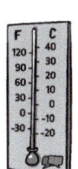

hitamælir

termòmetre

sólskin

llum del sol

ský

núvol

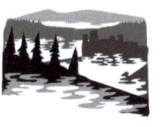

þoka

boira

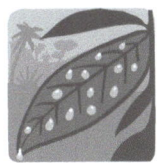

raki

humiditat de l'aire

eldingar

llamp

þrumuveður

tro

stormur

tempesta

haglél

calamarsa

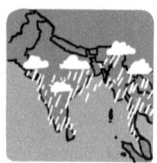

monsún

monsó

flóð

inundació

ís

gel

Janúar

gener

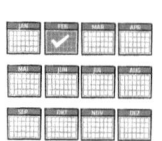

Febrúar

febrer

Mars

març

Apríl

abril

Maí

maig

Júní

juny

Júlí

juliol

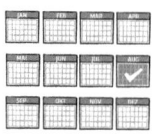

Ágúst

agost

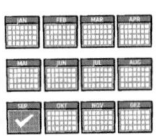

September
....
setembre

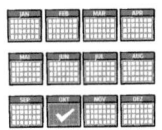

Október
....
octubre

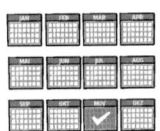

Nóvember
....
novembre

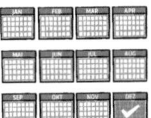

Desember
....
desembre

hringur
....
cercle

ferningur
....
quadrat

rétthyrningur
....
rectangle

þríhyrningur
....
triangle

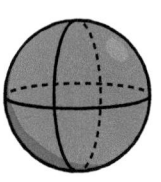

kúla
....
esfera

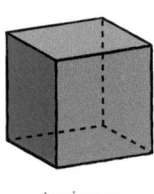

teningur
....
cub

hvítur
....
blanc

gulur
....
groc

appelsínugulur
....
taronja

bleikur
....
rosa

rauður
....
vermell

fjólublár
....
lila

blár
....
blau

grænn
....
verd

brúnn
....
marró

grár
....
gris

svartur
....
negre

mikið / lítið

molt / poc

reiður / rólegur

emprenyat / tranquil

fallegur / ljótur

bonic / lleig

upphaf / endir

començament / fi

stór / lítill

gran / petit

bjartur / dimmur

clar / fosc

bróðir / systir

germà / germana

hreinn / óhreinn

net / brut

heill / ófullnægjandi

complet / incomplet

dagur / nótt

dia / nit

dauður / lifandi

mort / viu

breiður / mjór

ample / estret

ætur / óætur

comestible / immenjable

vondur / góður

dolent / amable

spenntur / leiður

entusiasmat / entediat

feitur / mjór

gros / prim

fyrstur / síðastur

primer / darrer

vinur / óvinur

amic / enemic

fullur / tómur

ple / buit

harður / mjúkur

dur / tou

þungur / léttur

pesant / lleuger

svangur / þyrstur

gana / set

lasinn / heilbrigður

malalt / sà

ólöglegur / löglegur

il·legal / legal

greindur / heimskur

intel·ligent / ximple

vinstri / hægri

esquerra / dreta

nálægur / fjarlægur

prop / llunyà

nýr / notaður
....
nou / usat

ekkert / eitthvað
....
res / quelcom

gamall / ungur
....
vell / jove

kveikt / slökkt
....
encès / apagat

opna / loka
....
obert / tancat

Lágvær / hávær
....
silenciós / sorollós

ríkur / fátækur
....
ric / pobre

rétt / rangt
....
correcte / incorrecte

grófur / sléttur
....
aspre / suau

bitinn / hamingjusamur
....
trist / content

stutt / lengi
....
curt / llarg

hægt / hratt
....
lent / ràpid

blautur / þurr
....
humit / sec - eixut

heitur / kaldur
....
calent / fred

stríð / friður
....
guerra / pau

0

núll

zero

1

einn

u

2

tveir

dos

3

þrír

tres

4

fjórir

quatre

5

fimm

cinc

6

sex

sis

7

sjö

set

8

átta

vuit

9

níu

nou

10

tíu

deu

11

ellefu

onze

12
tólf
dotze

13
þrettán
tretze

14
fjórtán
catorze

15
fimmtán
quinze

16
sextán
setze

17
sautján
disset

18
átján
divuit

19
nítján
dinou

20
tuttugu
vint

100
hundrað
cent

1.000
þúsund
mil

1.000.000
milljón
milió

Enska

anglès

Amerísk enska

anglès americà

Mandarin-kínverska

xinès mandarí

Hindí

hindi

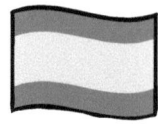

Spænska

espanyol

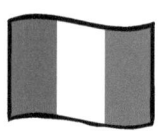

Franska

francès

Arabíska

àrab

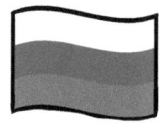

Rússneska

rus

Portúgalska

portuguès

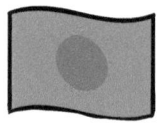

Bengali

bengalí

Þýska

alemany

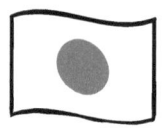

Japanska

japonès

ég

jo

þú

tu

hann / hún / það

ell / ella / allò

við

nosaltres

þú

vosaltres

þeir

ells

hver?

qui?

hvað?

què?

hvernig?

com?

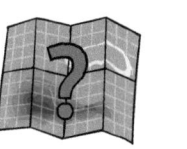

hvar?

on?

hvenær?

quan?

nafn

nom

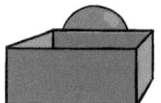

bakvið

darrere

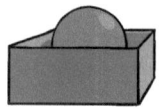

í

en

fyrir framan

davant de

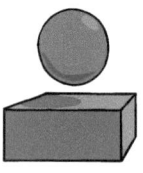

yfir

damunt

á

sobre

undir

sota

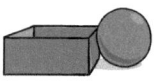

við hliðina

al costat

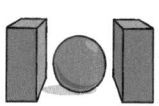

milli

entre

sæti

lloc